COWBOY THOUGHTS:
MY PERSONAL STORY

BY

WORD SPAN PUBLISHING, INC.

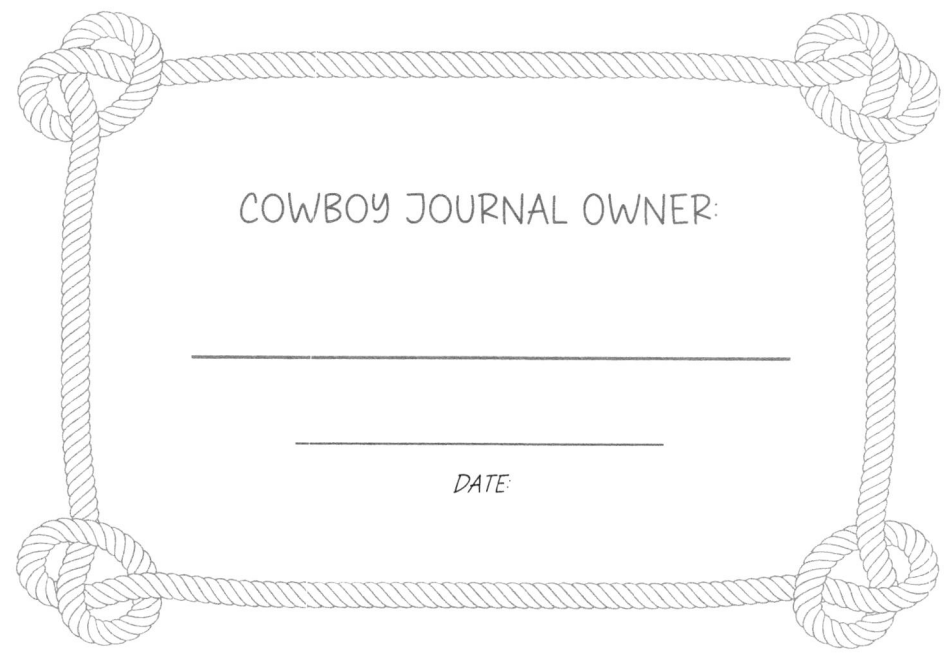

COWBOY JOURNAL OWNER:

_____

_____

DATE:

Cowboy Thoughts:
My Personal Story

ISBN: 978-1-961095-13-7

INTRODUCTION

DATE: _____

DATE: _____

DATE: _____

DATE: _____

DATE: _____

DATE: _____

DATE: _____

DATE: _____

DATE: _____

DATE: _____

DATE: _____

DATE: _____

DATE: _____

DATE: _____

DATE: _____

DATE: _____

DATE: _____

DATE: _____

DATE: _____

DATE: _____

DATE: _____

DATE: _____

DATE: _____

DATE: _____

DATE: _____

DATE: _____

DATE: _____

DATE: _____

DATE: _____

DATE: _____

DATE: _____

DATE: _____

DATE: _____

DATE: _____

DATE: _____

DATE: _____

DATE: _____

DATE: _____

DATE: _____

DATE: _____

DATE: _____

DATE: _____

DATE: _____

DATE: _____

DATE: _____

DATE: _____

DATE: _____

DATE: _____

DATE: _____

DATE: _____

DATE: _____

DATE: _____

DATE: _____

DATE: _____

DATE: _____

DATE: _____

DATE: _____

DATE: _____

DATE: _____

DATE: _____

DATE: _____

DATE: _____

DATE: _____

DATE: _____

DATE: _____

DATE: _____

DATE: _____

DATE: _____

DATE: _____

Happy Trails!

Please take a quick moment to review this book and show your support for independent publishers.

Thank You!

)

www.ingramcontent.com/pod-product-compliance
Lightning Source LLC
Chambersburg PA
CBHW071011120626
46546CB00003B/1033